A te che hai sofferto
a te che mi hai fatto soffrire
come due idioti ci siamo strappati il cuore a vicenda

TILT

M. S.Perucchi

Andato, completamente fuori di testa. Ecco come comincia questa storia ed ecco come, per un certo momento termina la mia vita. Non si dorme più, non si mangia si piange e dopo un secondo si ride come imbecilli (ma il pianto regna sovrano). Lexotan, prima poche goccine che tanto fan solo bene prima di andare a dormire e poi un po' di più perchè in effetti non funzionano e nemmeno stanno a fare così tanto bene. Lexotan poi anche la mattina, qualche goccia innocente perchè, come ti ha detto la tua ex moglie, dopo dieci minuti la tua coscienza si pulisce, torna candida e tu stai bene, sereno senza problemi.

Mi pare una cazzata perchè non dormi quando sei in questo stato, perchè fissi la finestra tutta notte quando sei in questo stato e ti viene voglia di aprirla ma non perchè fa caldo ma perchè ti passa per la testa, ogni dodici secondi circa, di fare un saltino, mettere fine alle cose e via.

Quella del suicidio è ua fissa ma sono sempre alla ricerca di un metodo perfetto, che non abbia labenchèminima possibilità di creare dolore. Ne ho di assurde, tra cui il cavo lunghissimo, cioè tipo 500 metri al collo con l'altro capo ad un palo, si sale in auto, si sgasa di brutto e si parte fino a che ad un certo punto...splop! Potrebbe essere un ipotetico rumore.

Torniamo alle gocce e alla testa che non va, in tasca, date da una seconda amica ti tieni due pastiglie di buon Tavor ma ti dici che quelle sono schifezze,mica le prendi tu che sei puro, dopotutto sei solamente un alcolista che si è fatto trovare più di una volta con la testa dentro il water a piangere da quella che poi è diventata la tua ex compagna.

Già, lei.
Incredibilmente bella per stare con te,di una intelligenza sopraffina ma innamorata nonostante tutto e tu, cioè io, alla fine sono riuscita a farla scappare.
Perchè, come scritto sopra : andato, completamente andato.
Passi le giornate, prima del crollo in uno stato di onnipotenza,

Dio, secondo te, avrebbe da imparare un po' di cose su come si organizzano i miracoli perchè tu sei incredibile, ma sei anche un cieco che non si accorge di come la tua testa ti stia impedendo di vedere le persone a te vicine, le stai consumando, le stai poco a poco cancellando.

Sei in preda al nulla più totale, dentro la testa ti gira ma senza più un senso e nessuno accanto a te lo dice apertamente. E tu continui sempre più fino a che non perdi il controllo così come avevi già fatto altre volte.

Come quella volta, molto prima l'arrivo di Elena, che ti sei trovato pisciato e sporco in una stazione,pieno di vomito sulla maglia e con una bottiglia di Ceres in mano, una immagine da calendario per la mamma.

Una golata alla birra, lo sguardo pieno di arroganza a quei due tizi intenti a dare un senso all'orinatoio e poi in piedi, fiero di quella merda di uomo che eri fino al mac più vicino, con la gente che si scostava al tuo passaggio (per estremo rispetto al re che sono) .

Questo è arrivare quasi al fondo, ma poi si risale un po' e siamo uomini stupidi quindi sostituiamo i pensieri brutti con quelli belli e così non impariamo un cazzo di nulla.

Ci ritorni prima o poi.

Sono un alcolista, di quelli che hanno la vocina che ti invita a bere solo una cosa veloce veloce pe festeggiare una magnifica giornata primaverile.

Sono un alcolista di quelli che hanno la vocina che ti urla di bere perchè fuori piove ed è una palla e allora tu che vuoi fare?

Io bevo

da molto tempo ormai

da quasi 26 anni. Cristo santo, è la prima volta che mi soffermo a pensare da quanto tempo sono schiavo dell'alcool e devo dire che è uno schifo.

Ad oggi però sono20 gg che non bevo perchè il fondo l 'ho toccato e mi ha fatto schifo.

Seminudo, sudato sul pavimento del cesso, ad urlare scuse a chissà chi e poi tacere quando la tua compagna arriva in casa e vede quello che sei diventato, quello che per ora sei solamente ogni tanto ma che anche tu hai detto diventerai se si va avanti così.

La cosa assurda è che mentre la senti piangere e le chiedi scusa speri che finisca in pressa perchè qui senno' tu così sbrocchi se continua.

Solitamente quando la mattina ti alzi ti viene voglia di una fetta biscotata, un bicchiere di spremuta fresca e un buon caffè bollente. Già, solitamente è così ma non se sei un alcolista.

Quando bevi la mattina ti alzi e apri il frigorifero per prendere il latte e vedi la bottiglia semiaperta di vinello da cucina e ti dici beh, dai perchò no? A volte, spesso non resisti e riprendi il tuo viaggio verso l' oblio che avevi lasciato la sera precedente.

Lei è stata una donna importante, e lo è tutt'ora nonostante abbia deciso di chiudere tutti i ponti con te. L'ha vista qualche anno fa e dopo poco ne eri immediatamente innamorato, ci si ama per via di quei piccoli gesti naturali, quelli che fai senza pensarci e che poco a poco vengono ricambiati, alla fine l' amore sboccia e con esso tutto il resto: magnifiche giornate, risate e chiacchiere, il primo bacio, il sesso e tutto, tutto il mondo di emozioni. Poi prendi decisioni serie, difficili, come quelle di lasciare tua moglie per lei perchè non sarebbe giusto, perchè la ami e tua moglie oramai ti trascura e tu pensi non ti ami più. Spezzi il cuore alla madre dei tuoi figli e nello stesso momento lo trituri a te stesso perchè ti rendi conto del male che stai facendo ma non ne puoi nulla, non ne vuoi fare nulla.

Non è vero questo, i rapporti sono uno spettacolo della vita proprio per la difficoltà che presentano nell'essere mantenuti, si lavora, ci si scontra ma fondamentelmente ci si dovrebbe tenere sempre per mano soprattutto nei momenti difficili perchè stare bene nei momenti facili è facile, tutti ne sono capaci.

Io l'ho imparato e lei, l'altra, quella che tutt'ora che scrivo amo alla follia, mi disse che lo sapeva, che era pronta all'impegno. Fino a che ha deciso di lasciare quella mano.

Perdi il controllo delle cose tutte insieme, non è come dicono i cazzoni che se ti va male una cosa poi arrivano tutt insieme per sfiga, non è così o meglio, il fatto è che cerchi di tenere le redini fino a che puoi e fino a che ci riesci va tutto bene, tutto è perfetto e anzi, continui a prendere redini nuove perchè vi ricordo che ti paragoni all'onnipotente, ma poi arriva quel momento, prima o poi arriva per tutti e tu non hai più le forze e quelle fottute redini ti scappano via. Tutte insieme.

In una settimana ti capita tutto, o almeno così è capitato al sottoscritto e perdi lavoro, fidanzata, la testa e sostituisci l'alcool con quelle pastiglie che per i primi giorni non vuoi prendere, che tieni in tasca, ma che poi ti dici che a qualcosa serviranno, no?

Un dottore? Nemmeno a parlarne. Cazzo serve se c'è internet? E per recuperare le medicine basta andare in farmacia e pur di prendere cinque euro quelli ti venderebbero il cianuro anche se ti presentassi con una maglietta con scritto " I love Suicide!"

Cominci allora quella vita nell'onda dei medicinali, surfi come un re tra momenti (molti) di catatonia estrema, dove ti accorgi di muoverti come un bradipo ma non puoi farci nulla, e momenti (molto pochi) dove torni ad essere te stesso. Ti perdi nei discorsi della gente e te ne accorgi ma non hai soluzione se non cercare un sorriso, il conforto di qualcuno.

Quel qualcuno che non c'è più perchè hai fatto soffrire talmente tanto da farla andare via. Ci lavori con quel qualcuno ed è terribile vedere che subito il moscone è arrivato a ronzare, ti fa male vedere che da parte sua non c'è nemmeno un po' di rispetto nei tuoi confronti perchè flirta davanti a te, soffri come un cane. Lei lo sa. Lei non se ne importa perchè come ogni essere umano, compreso te che da una vita cerchi di distruggerti, brama la felicità.

Ti viene il dubbio che il moscone ci sia già da un pezzo ma ho fiducia in lei tutt'ora e so che non è così. Mi rendo conto però che probabilmente gira da un po' e che lei, stando male, si sia a poco a poco resa conto che il mondo può essere fatto anche di risate.
Quelle che una volta le facevo fare io.

La prima volta che mi ha visto nel mio stato alcoolico è stato dopo pochi giorni dal nostro "grande ritorno insieme dopo la scelta difficile" , il Sabato seguente all'udienza in tribunale per la separazione. Quel Sabato mi disse che sarebbe stato giusto svagarmi con i miei amici, mi disse di uscire e stare in giro un po' che mi sarei schiarito le idee. Già, schiarite a modo mio con almeno una boccia di vino ingollata in pochi minuti a suon di bicchieri e poi a seguire immediatamente una cena nel ristorante dell'amico per continuare imperterrito a bere. La chiamai al telefono quella sera, le dissi con voce biscicante che forse avrei dormito nel BB del ristorante e lei mi chiese se fossi sbronzo, tanto sbornzo. Piagnucolai e alla fine, per dimostrare che stavo bene presi l'auto e come un matto corsi verso casa.
Ringrazio ora, per la prima volta, di non aver incrociato qualcuno, di non aver accoppato qualche povero stronzo reo solamente di trovarsi nelle mie traiettorie. Arrivai chissà come a casa, corsi su e, aperta la porta lo sguardo di lei fu esaustivo ma non ci fu tempo. Cazzo, corri in bagno e cominci a vomitare, come un cane, come il peggiore degli stronzi e, come sempre capita a noi falliti dell'alcool, piangi e implori pietà.
Mi aiutò, restò con me,mi accarezzò la schiena e io schiumavo come un cavallo, sbavavo, puzzavo e continuavo a chiedere di perdonarmi. Dopo quel momento, passato tutto lei mi aiutò e andammo a letto, ricordo molto bene la mia nenia di quella sera:
non sono come mio papà, non sono come mio papà, non sono come mio papà e lei, una donna grande e forte nonostante la

giovane età, mi accarezzò, impaurita, fino a farmi addormentare.

Fu la prima delle promesse.

Perdi la testa per mille cose, io ho cominciato quasi subito all'inizio del nostro rapporto cercando di costruire un folle futuro per noi due, con la testa che già vacillava per la mancanze delle bambine e con la mia incredibile incapacità si ascoltare i consigli altrui. Lavori venti ore al giorno, stanco come una bestia arrivi a casa sempre più nervoso e arrabbiato e cominci quella danza dell'abbandono fatta di silenzi, litigi e arrabbiature.

Fino a che un giorno, all'ennesimo come stai lei ti risponde con sincerità e ti dice "male".

Me la ricordo come fosse davanti a me ora, dopo cena, io alla scrivania e lei in piedi davanti a me, con lo sguardo basso verso i suoi piedi che teneva con le punte leggermente rivolte una verso l'altra, come fa quando è nervosa.

Ecco che ti accorgi di aver perso le redini in quel momento stesso.

Nel petto senti un peso incredibile, tonnellate di sensi di colpa, cominci a piangere, a darti le colpe per qualsiasi cosa e poi peggiori via via perchè in fondo eri già andato con la testa da un po', da quel giorno, tre settimane prima in cui ti sei ritrovato in un 'posto in cui non volevi andare mentre avresti dovuto essere al lavoro. Ti sei spaventato quel giorno, terrrore puro e hai dovuto chiamare in un momento di lucidità un amico che venisse a prenderti e riportarti a casa.

Nella tua testa, dopo l'abbandono cominci di nuovo con i pensieri brutti, speri che la morte arrivi da sola, per qualche caso fortuito, ma sai anche che non sarà così allora, per fortuna, hai ancora la forza di chiamare qualche amico quando hai quei pensieri e parlargli un po'. Certo, badiamo bene a non dire che stai pensando di impiccarti alla trave del tuo ristorante perchè pensi sia da li che tutto è cominciato. Non lo dici perchè gli amici poi a volte si spaventano, non capiscono e tu diventi pazzo per loro e alcuni poi, hai paura che spariscano.

Lo dici solo alla tua vecchia amica, lei ti capisce perchè da una vita vive in depressione e sa cosa vuol dire avere in mano una lametta, una boccia di sonniferi (che per la cornaca non valgono un cazzo come metodo di suicidio a meno che siano messi in connubbio con che so? I buon vecchio gas di scarico dell'auto) lei capisce, ti parla e ti sta vicino e alla fine i pensieri si spostano da un'altra parte.

Tutte le cose hanno un comincio, un principio sarebbe in italiano, la mia non so da dove possa arrivare ma ne sospetto ben bene.

Diventa difficile anche scriverlo e chissà magari prima della fine di qusto mio racconto arriverò ad avere le palle per poter dire davvero le cose come stanno.Ma ora non ho palle per nulla perchè sei un vigliacco quando sei così. Cerchi di ricordarti l'uomo che eri e ci provi ad esserlo, prima eri uno che chiamavano tutti perchè nel suo ne sapeva, prima eri uno che schioccava le dita e la gente si muoveva ora sei una ameba del cazzo che la mattina non vuole alzarsi dal letto, che se ne resta al buio a piangere per ore e che non vede l'ora che qualcuno ti dia una mano.

Il mondo è bello pieno di gente buona e qualcuno che ti aiuta lo trovi ma non si accorge di quanto grave sia la tua situazione, non vede come ti tremano le mani e di come la tua testa sia confusa. Hai paura a dire che non ti senti di poter accettare il suo aiuto e quindi lo prendi, con vera gratitudine ma terrorizzato perchè sai che non riuscirai a portare avanti la cosa. Non fino a che cominci a risalire piano piano.

I medicinali poco alla volta ti entrano nella testa,ti spengono e sei sempre meno consapevole del male che ti fanno, sai però di essere ancora una persona forte perchè non bevi da giorni e cerchi quindi di aggrapparti a questo per uscire dal buco.

Nel frattempo di tutto questo succede che ti appoggi ad una amica e scopri che lei sta male, molto perchè ha un improbabile morbo che la sta lentamente uccidendo. La vita è una merda, diciamolo. É bella da vivere perchè è un calderone di esperienze ma a volte per alcuni non lo è così tanto.

Cerca di vivere sempre al meglio le cose, di vedere il lato positivo anche quando è difficile, questo in teoria è uno stile ok ma da mettere in pratica è difficile. Io ho tre splendide bambine e loro spesso riescono a mettere a posto le cose solamente con la loro presenza,seppur sporadica, ma a volte, nonostante le piccole viene difficile alzarsi dal letto.

Ecco una cosa imprevista: al lavoro ti blocchi, vai di matto e piangi, non produci, tutto questo improvvisamente e ti accorgi che il tuo cervello è in modalità OFF, non in pausa ma prorpio spento. Non hai un pensiero che abbia una logica e, per quel poco di lucidità che hai te la fai addosso. La scelta, per qauanto possa sembrare semplice è delle più coraggiose. Prendi la maglia e ti dirigi al pronto soccorso psichiatrico, non senza averci pensato bene e bene e poi ancora un po' e chiesto conferma al tuo cervello (ancora in OFF). Una delle cose strane in tutto questo è che nel momento stesso in cui prendi la decisione un piccolo soffio di aria leggera sembra spostare di poco quel macigno che hai nel petto. Entri al pronto e aspetti poi si apre lo sportello multilingue del TRIAGE ed entri

"dica? Lei è qui per?"

io penso che si tratti proprio di una domanda cazzuta e che avrei risposto più volentieri e facilmente se mi avesse chiesto la formula completa del genoma umano

" avrei bisogno di aiuto" gli dico tremante " mi si è spento il cervello"

pensavo che mi avrebbe guardato come un fenomeno da baraccone invece, molto gentilmente mi chiede come stessi in quel momento e se potevo alzare la manica della camicia così che mi potesse prendere la pressione.

" calmo ora? Bello il telefono, fa delle belle foto?"

giuro che non esisteva risposta sensata a quella domanda.

Da quel momento, da quella sedia forse cominci a rialzarti piano piano.

Dopo un po' mi rimanda in sala attesa dove io, pervaso da una sensazione di serentità che non provavo da chissà quanto mi soffermo a pensare a mille episodi, scene e momenti. Tra l'altro,stranamente allegro, giocherello col telefono rispondendo a vecchi messaggi che avevo completamente scordato. Penso a come sia potuto succedere, a come le cose siano cambiate a come io e lei fossimo cambiati e poi penso a me da piccolo, scappato dal cortile con la vespa di mia sorella per farmi vedere dalla ragazza grande della via a fianco e poi quella stanza mi fa venire in mente, forse per quella grande finestra, la casa di Alberto, il mio forse amico che in effetti non conoscevo così tanto bene. Mio padre insisteva perchè si diventsse amici e spinse con i classici ricatti con i quali compri in scioltezza un bambino: il pallone, il gioco o chissà cosa altro. Il fatto è che alla fine, dopo qualche mese io e questo Alberto diventammo, penso, amici. Il Sabato solitamente ci si preparava nel primo pomeriggio e si salutava, in inverno si saliva sul Ford Taunus di mio padre (aimhè adoro ancora oggi quell'auto) mentre in primavera o quando faceva caldo si andava col vespino fino a casa di Alessandro. Una volta si portava un fumetto, un'altra un giocattolo o una cassetta da ascoltare, ma il discorso è che io e Alessandro passavamo i pomeriggi insieme a giocare sul pavimento rivestito in moquette di casa loro.

Penso spesso a questo episodio ma questa volta non sono così concentrato nei miei pensieri, qualcosa mi distrae, a fianco a me in sala c'è questo tizio con la moglie che parla, si agita, cammina, chiede, esce e rientra dal reparto, si alza e si siede

come un matto (beh, pronto soccorso psichiatrico comunque)
entra prima di me, ma mi sa che aveva già esperienze ed esce
accompagnato da una dei medici. La moglie chiede e si sente
rispondere che sì, lo avrebbero ricoverato.

Cazzo dici? Ricoverato? Penso io e mi terrorizzo, no, io no
però e se mi ricoverano, e se dicono che non sono in quadro, se
dicono che sono da camicia?

Ora la paura è forte, il cuore batte a mille e inizio a
sudare,puzzo. Inizio a pentirmi di essere andato lì ma prima
che possa cambiare idea tocca a me.

Ok, siamo qui perchè?

Dico alla dottoressa che ho perso tutto in pochi giorni, il
lavoro,il ristorante e la mia compagna soprattutto, inisto su di
lei, la nomino mille volte perchè mi si spezza il cuore a sapere
che non c'è più e poi parlo un po' di quella cosa scritta sopra,
sapete no? Quella dell'alcool.

Ma non è un problema quello, cioè io tranqiullamente me lo
risolvo da me. Io cara dottoressa sarei qui per rimettere in moto
il mio cervello e tornare un uomo normale.

Mi parla e mi visita
bene, visto che ci siamo scopriamo un problema al cuore ma ad
essere sinceri me ne frego, cazzo è ovvio che ho un problema
al cuore, sono stato lasciato dalla mia compagna le dico ma lei
sorride gentile e mi prescrive un elettro cardio e una visita
(alla quale ovviamente non andrò)
quando parli di queste cose diventano improvvisamente reali e
così, come nulla fosse scoppi in lacrime, lei è abituata agli
sciroccati e non fa una piega, poi dopo una buona oretta chiama
dei colleghi e mi dice di aspettare.

Fuori, in piedi, traballante col bastone. Mia madre che si è fatta
subito accompagnare per sapere cosa fosse capitato. Io ho un
umore devastante già quando sono tranquillo ma in una
giornata del genere, con la confusione che ho nella testa e il
turbine di emozioni che ho provato in quella giornata invece di

esser felice di vedere un viso amato mi scaglio a parole su di lei:

"cazzo fai qui? Ma chi ti ha detto di venire qui?" e intanto lei si avvicina ma io continuo " vai a casa! Come cazzo sei venuta? Ma non potevi lasciarmi solo?" mi sentivo la più grande e puzzolente merda del mondo ma io reagisco così, dopotutto se ero in quel reparto qualcosa in me non andava. Poi, come mi capita spesso in questo periodo, la marea si abbassa e il mio umore improvvisamente muta. " vado a prendere un caffè, vuoi qualcosa che fa freddo?" ed esco intanto per prendermi un cappuccio e già che ci sono dei wafer. È il primo giorno in cui ho appetito da che lei...

...mi chiamano di nuovo

La seconda parte della visita è più tosta perchè c'è la gran dottoressa scesa appositamente, qualche domanda di rito e poi ci si butta sull'alcool.

No ma io ti ho detto che sono qui per Elena, io sono depresso per aver perso l'amore mica per l'alcool.

quanto bevo? Ma se ti dico che non bevo da un botto di tempo, ma sì quando lo faccio lo faccio bene però io mi controllo cazzo, e che sarà mai la voglia di bere la mattina? Se non bevo il problema non c'è!

Sono tutte gentili e io sono lì per farmi aiutare. Si decide che si andrà al SERT perchè ho un problema con l'alcool e da lì si deve partire.

Partiremo da lì se quello deve essere.

Il fatto è che in cuor tuo speravi, sapendo già che sarebbe stato impossibile, che ti risolvessero i problemi di cuore, che la chamassero, che la convincessero a tornare perchè in effetti tu, e quello le tipe non lo hanno considerato, ti sei rimboccato le maniche di brutto e nonostante l'esaurimento nervoso stai sistemando le cose.

Con quale criterio decidi cosa va bene per il mio cervello? Ma ci sono andato io e so che forse hanno ragione.

Di lei mi sono innamorato praticamente subito e poco alla volta ci siamo avvicinati sempre più, in principio molto spaventati, timorosi e anzi, a dire il vero si tendeva a sfuggire alle nostre emozioni. Io ero sposato, e lei impegnata quindi a ben pensarci due bei bastardi, ma l'amore è quello, io che ci posso fare?

Abbiamo cominciato a frequentarci senza il sesso, i baci le carezze. Io la facevo mia annusando i suoi capelli, il suo splendido collo e perdendomi nei suoi bellissimi occhi. Poi poco alla volta le mani cominciarono a sfiorarsi, perchè lei mi toccava leggera per farmi vedere come si scriveva il giapponese e io le insegnavo a preparare le decorazioni del bere, a miscelare. Mentre scrivo il cuore mi arriva in gola perchè io amo tutt'ora quella donna pur sapendo che non c'è più. Poi l'aiutai a partire, con il cuore che mi moriva le trovai un lavoro in giappone, un lavoro che lei bramava ma che non voleva più perchè, nonostante nulla fosse ancora capitato tra noi era ovvio che ci si amasse.

I mille bigliettini sparsi in giro, le parole gentili, i silenzi e le passeggiate e poi un giorno all'improvviso un bacio e lei non partì più.

Dio quanto sono belle quelle labbra, morbide, delicate ma aggressive. Un bacio speciale, pieno di amore e di sensualità.

Ancora oggi chiudendo gli occhi mi ricordo le sensazioni provate e ancora oggi, chiudendo gli occhi mi viene in mente tutto il resto.

Le mani che sfiorano i seni, il pube, le sue che mi graffiano il petto, e poi giù che slacciano i pantaloni e che mi toccano eccitato.

Le prime volte giocavamo, io imbarazzato da tanta veemenza scappavo ma un giorno poi, a forza di giocare abbiamo fatto l'amore. Il più bell'amore della mia vita.

Lei si concedeva con una passione tale da sembrare una divinità, il suo corpo morbido sapeva di sesso in ogni poro e la mia bocca non si stancava mai di assaggiarla il mio naso immagazzinava ogni piccola fragranza del suo corpo, vicino al pube, il monte di venere.

Si faceva l'amore e si scopava nello stesso momento, con forza maschia la facevo mia come mai avevo fatto e lei, regina delle femmine mi traformava in un dio.

Il re degli uomini.

I mille bigliettini continuavano, i fiori all'improvviso arrivavano sempre e la casa avava sempre un buon profumo di cibo che preparavo per lei.

Nel frattempo mi preparavo, non senza fatica al divorzio, che divenne una agonia per me, per la mia ex moglie e per lei, la donna della mia vita.

Sparii per tre giorni, spezzandole il cuore e spezzando il mio.

La paura della separazione era molta perchè temevo di perdere le mie bimbe e mi sentivo comunuqe in colpa con quella che divenne poi la ex moglie. Ma quale sia stata la scelta non è da stare a spiegare.

Tornai da lei, dicendo quel "tadaima" che tanto amavo e che ora non sento più. Si pianse insieme e restammo in silenzio per ore.

La amavo e la nostra vita era cominciata.

In molti citano Wilde che dice di fare attenzione ai sogni perchè potrebbero avverarsi e in effetti così è stato. Dal giorno della separazione per noi è cominciato un periodo difficile, lungo anni. Le mie battaglie per vedere le bambine, gli orari impossibili al quale sottostare per far loro visita e il conseguente nervosismo.

Lei cominciò a soffrire ma eravamo ancora una coppia stupenda, felice e desiderosa di continuare.

È arrivato il secondo sogno, il ristorante e da lì tutto ha cominciato a vacillare. Fu una fatica immane quel posto, una serie di ostacoli pazzeschi lunghi due anni, un nervosismo sempre crescente ma ancora innamorati.

Decisi che avrei aperto il ristorante, avrei ufficializzato finalmente il divorzio e avrei fatto un bimbo con lei. Una famiglia tutta nostra, tutta sua.

Arriva però l'inizio del racconto, che perdi la testa e piano piano la perdi d'occhio e lei soffre, come te ma lei se ne accorge e tu no perchè quell'idiota che si crede un dio in realtà è solamente il dio dei coglioni. Il loro grande re.

L'amore si coltiva con piccoli gesti quotidiani, con quelle tenerezze che non costano nulla e non con i castelli e i sogni di gloria. L'amore ti inganna perchè ti fa volere sempre più per la tua partner non facendoti capire che vi basterebbe quello che avete, perchè quello che avete e quello che vi ha fatti innamorare.

È vero, si cammina in due nella vita e le cose non capitano solo per colpa di uno ma ammetto che in questo caso buona parte del sacco di colpe sia mio.

È vero anche che, come ho scritto sopra a volte si potrebbero provare ad aggiustare le cose ma ormai è andata, no?

Mettiamo in chiaro una cosa: io a lei non rinuncio.

La storia è finita perchè hai perso la testa, hai perso d'occhio lei e infine hai perso tutto ma quello è solo l'inizio perchè i problemi arrivano ora.

Quando ti rendi conto di essere arrivato al fondo e sei abbastanza lucido e dotato di almeno sei neuroni funzionanti inizia a capire che cosa comporta tutto quello che hai fatto.

Certo, il mal d'amore è una cosa devastante ma poi ti accorgi che hai lasciato andare alla deriva il lavoro, il tuo sogno del ristorante e che le banche iniziano a pretendere qualcosa in cambio.

La sensazione che le parole "confisca" e "pignoramento" lasciano è indescrivinbile e se già accusi il colpo in condizioni di sanità mentale potete immaginarvi come ci si possa sentire nel mio stato d'animo.

Le mille teorie del suicidio prendono piede molto più

seriamente e ammetto che se quella sera non avessi chiamato Renata avrei fatto una stronzata.

Chiami gli amici perchè in qualche modo vuoi salvarti la pelle e ovvio, come fossero un giubbino antiproiettile che ti infili poco prima di spararti da solo. Nessuno vuole morire, nemmeno io ma se non l'avessi chiamata l'avrei fatto.

Tecnica utilizzata, la più semplice, non pensando a cosa avrei acceso nei sentimenti dei miei parenti, mi sarei gettato dal balcone del sesto piano dove, ora che non ho più una casa vera, abito. La casa dei miei. Sei un coglione quando fai certe cose, ma la paura ti gioca scherzi tremendi. Non pensavo alla mia nipotina che avrebbe visto la mattina la testa fracassata dello zio sul selciato, non pensi minimamente alla madre che morirebbe di crepacuore o alla sorella che già ha una testa bacata pure lei che entrerebbe in un vortice dal quale non uscirne più.

Già perchè secondo me anche mia sorella dovrebbe prendere il coraggio che ho avuto io di andare da un guardacervelli.

Non pensi a nulla, pensi solo che hai paura, che non esiste soluzione e che l'unica cosa è la morte, poi la voce roca di Renata cerca di farti ragionare.

Lei la ascolti perchè sai che lei è come te, anzi ben più forte di te. Da anni combatte contro la depressione e tutto quello che comporta e lei non ti racconta stronzate ma ti dice di quanto anch'essa pensi al suicidio ma ti fa intendere che alla fin dei conti si tratta solo di una stronzata.

La Renata è una bella donna, in tutti i sensi.

Oggi, il primo giorno,
l'incontro dallo psichiatra è stato un incubo mi hanno messo in
sala attesa che in realtà è un corridoio,
il corridoio del reparto psichiatrico la gente quegli zombie si
muovevano piano, tremanti piangenti mi fissavano oppure
fissavano il nulla fissavano fuori dalla finestra chiusa tutte le

porte chiuse a chiave ogni serratura bloccata e loro creature schizofreniche senza colpe mi presentavano il volto della disperazione e senza nemmeno volerlo senza cattiveria mi uccidevano di paura. ... un incubo più grande della morte, perchè in loro vedevi il delirio la pazzia l'alienazione ... non sono così, non mi sento così e mi accorgo di non esserlo ma cose del genere spaventano come la maschera di un mostro nel cuore della notte anche se sai che quella è solamente un gioco,un travestimento indossato da qualcuno per un istante il brivido della paura ti corre lungo la schiena ... tutto questo è assurdo più del malanno stesso

non sono qui per giudicare i malati anche se ho dovuto raffigurarli come zombie per riuscire a rendere l'immagine del loro comportamento, non sono qui a denigrare la follia che alberga in loro, la loro malattia il loro modo di essere ma solo ed esclusivamente per esternare quello che ho provato nella totale indifferenza degli addetti del reparto che non si accorgono minimamente di quanto una persona che si trova in quel luogo per un consulto, perchè non sta bene, si possa far intimorire nel vedere quello che a volte la psiche ti fa diventare.

penso che per loro, per i medici,non vi sia differenza alcuna e dal punto di vista morale ed umano in effetti non c'è, ma dovrebbero sforzarsi di capire quanta paura uno sguardo del genere può incutere in una persona.

ti senti la morte addosso, tremi e trattieni le lacrime, almeno così ho fatto io per non sembrare, agli occhi di chi fosse per caso entrato in quell'istante, uno di loro. per non incutere, nel cuore di chi come me fosse per caso entrato in quel piccolo infermo per una visita la stessa identica paura.

Mi sono ritrovato a pensare a molti dei film visti in gioventù, quelli ambientati in luoghi del genere e devo dire che nonostante i giganti che hanno prestato il loro volto a quelle pellicole da oggi probabilmente non riusciranno più a darmi emozioni, non quelle che veramente si provano gettando uno sguardo nell'inferno

La seconda volta Elena ha pensato che fossi morto. Ad un tratto, durante la notte qualcuno picchia al finestrino dell'auto e io apro gli occhi. Pestavano su quel cristallo da non so quanto e l'auto era chiusa e io, cazzo io non rispondevo. Il pomeriggio era cominciato bene, in compagnia di amici che erano venuti a vedere la cascina, il cantiere dell'inferno e poi a pranzo insieme anche con lei. Chiacchiere e un bicchiere in compagnia nulla più poi lei volle restare a casa a studiare un poco, come spesso faceva prima che le devastassi la testa con la mia di devastazione interna, e io invitato dagli amici scesi giù per un aperitivo.

Ricordo solo molto vino, qualche birra al bar dove lavoravo e poi con un collega in un altro locale a bere ancora. Pizzetta, salatino, shottino, birrozzo, pizzetta, shottino, vinello shottino e poi di nuovo al locale in cui lavoro.

Il nulla, la ragazza di un amico che mi picchia sul finestrino e mi passa il telefono e lei che piange, distrutta, ti urla con la voce tremante che pensava fossi morto. Quei fottuti sensi di colpa che ti attaccano e la consapevolezza di aver ferito, ancora, la persona amata.

Ti senti una merda perchè è quello che sei.

Ieri, parlando con un amico e dicendogli che mi hanno indirizzato al SERT ha ridacchiato dicendo che siamo tutti un po' ciucchi una volta ogni tanto, e forse ha ragione, o forse anche loro hanno un problema, o forse è solo mio.

Ancora una volta lei che piange e tu che implori pietà, che urli che non sei come tuo padre ma forse, poco alla volta cominci a dubitarne, forse gli somigli più di quanto pensi, almeno per alcuni versi.

Hai dato un secondo colpo al pavimento in cristallo sul quale cammini, la crepa si allarga ma ancora tiene.

Sotto il pavimento però, dando una veloce occhiata vedi un mare di acqua e sai, perchè è sempre così, che si tratta di acqua gelida.

Cerchi di risolvere in tutti i modi i tuoi problemi e sopratutto lo fai perchè lei è nei tuoi pensieri in continuazione. Non ti darai pace fino a che non potrai tornare tra le sue braccia e tremi al pensiero che un giorno lei invece cada nelle braccia di qualcun'altro. Mentre scrivo un moto di gelosia mi riempie immaginando il ronzone che la ama, che fa suo il corpo candido di lei ma la vita funziona così purtroppo e le cose a volte si possono cambiare a volte no.

Io ho cominciato a cambiarle dal momento in cui ho capito che tutto stava disfandosi ma malauguratamente me ne sono accorto troppo tardi.

Non perdo la speranza ma sono realista.

La cosa fondamentale ora è comunque almeno provare a ritornare quell'uomo che eri e poco alla volta, dal momento del crollo, cerchi di rimetterti in piedi.

Il ristorante, quell'infermo meraviglioso, cerchi di darlo via per un pugno di monetine perchè ormai è solamente un incubo.

Ogni volta che ci entri fissi quei travi e pensi alla corda che ti lega il collo, che piano ti toglie il fiato e ancor più lentamente ti porta via la vita. Ma nel frattempo di questi pensieri provi a rimediare perchè se te ne stai fermo nel letto, come ho fatto io in tutti questi giorni non ne esci più vivo e io, nonostante tutto voglio vivere.

Quel fottuto locale lo hai fatto con le tue mani, da solo, imparando di volta in volta cosa fare perchè a te nessuno ha insegnato nulla. Sicuramente tuo padre ti ha insegnato ben poco (a parte il bere) e le attività manuali te le sei inventate sbagliando,facendo cazzate, stancandoti ma anche divertendoti.

Mi ricordo il viso di Elena la prima volta che la portai a vedere le volte del soffitto che mi son fatto da solo, una delle più grandi soddisfazioni che abbia avuto stava in quegli occhi pieni di orgoglio nei miei confronti. Orgoglio e ammirazione che le mie (le nostre) distrazioni hanno fatto sparire.

Torno spesso su questo argomento perchè voglio imprimere nella mia testa che i rapporti si mantengono vivi con l'aiuto dell'amore ma soprattutto dell'impegno reciproco. Altrimenti, purtroppo, se è vero amore appassisce come uno splendido fiore senza acqua. E io ci ho messo il mio impegno a togliere l'acqua a quel fiore. Sostituendola con il vino.

Quella sera non riesco nemmeno ad immaginare che cosa abbia provato o cosa abbia visto, posso solo provarci e la cosa mi spaventa. Vedere il proprio uomo a terra, agonizzante da tanto alcool ha ingerito e impegnato, negli unici momenti in cui si riprende a vomitare e piangere. Una delle immagini più tristi che una donna possa vedere. La chiara dimostrazione che l'uomo che amavi si è trafsormato in un'ombra. Certo, dal primo giorno lei sapeva dei miei problemi, sono sempre stato sincero ma l'alcool è un bel bugiardo e ti insegna a mentire, sopratutto a te stesso. Ti dici, e dici agli altri, che quella è l'ultima volta, che non capiterà più perchè hai capito ma in verità non puoi aver capito nulla perchè nemmeno ti sei posto il problema. Sei un cazzo di alcoolista e nonostante i tuoi metodi, il tuo supercalendario eccetera eccetera hai bisogno di aiuto.

Lei quella sera non è nemmeno riuscita ad aiutarmi, la disgustavo, come una larva di essere umano putrescente. Ma soprattutto io quella sera le ho spezzato il cuore e i sogni di un futuro. Ha immaginato la scena di una delle mie figlie al rientro che trova il padre in quello stato, si è immaginata, con un terrore indescrivibile il suo di figlio che rientra a trova papà così. Da questo lato non la biasimo per essere andata via. Quel giorno finalmente ho toccato davvero il fondo e l'istinto di sopravvienza mi ha spinto a ragionare, a provare di impegnarmi per risolvere le cose. Sicuramente la botta di lei che se ne va non è stata di aiuto ma capisco quello che deve aver provato, lo capisco perchè semplicemente me lo ricordo anche io per averlo vissuto.

Quest'oggi in psichiatria mi hanno
chiesto quanto io bevessi e io non sono stato in grado di quantificarlo.
"più di due drink?" per volta? pensai " certo"
"più di cinque?" in quanto intende? Mezz'ora? "beh, sì"
" dieci?" io serio " beh, minimo"
la cosa che mi faceva strano in tutto questo era il fatto che il medico che mi ha accolto alla prima visita,il grande medico e l'aiutante continuassero a squadrarsi ad ogni mia affermazione. Quella è paura perchè pensi che stiano confabulando utilizzando segnali in codice, su di te. La qual cosa, in un certo senso,potrebbe anche essere vera.
Ho paura in questo momento, sono consapevole di essere solo da un certo punto di vista,nonostante gli amici che oggi, alla scoperta che ero in ospedale si sono preoccupati, nonoostante quelli che mi sopprtano per ore nei miei lunghi ed interminabili pianti nonostante Linda, che mi ha spinto a chiedere aiuto e che a modo suo è ancora una delle poche che prova a farmi credere di mettere a posto prima me e poi con Elena si vedrà anche se a dire il vero, spesso mi trovo a discutere con lei perchè avrei voluto un altro tipo di aiuto, come quello che un terapista avrebbe potuto dare, ma le voglio bene ed è giusto che si comporti come meglio crede; nonostante tutte queste persone sono solo perchè è arrivata l'ora dell'onda, il momento dei tranquillanti per provare a dormire ed è proprio ora che la paura mi accarezza. Quella terribile sensazione che la sua assenza mi ha lasciato, il sapere che probabilmente ora è al telefono o al pc in chat o dove chissà con qualcun'altro e che nel frattempo si sta innamorando. Mi chiedo spesso se le

manco ma ho il serio dubbio che questo possa accadere. Ho imbrattato con del catrame un dipinto splendido ed ora è impossibile vedere al di sotto di quel nero strato bituminoso i magnifici colori che avevamo insieme pitturato. Scrivo a fatica, con gli occhi che si chiudono bypassando il consiglio della grande dottoressa che oggi mi ha intimato di non scrivere di sera prima del sonno perchè ti rende la testa attiva, troppo e riposare allora doventa difficile se non impossibile.

Di notte all'improvviso qualcuno ti arriva in stanza, forse quattro o cinque uomini incappucciati e ti prendono per mani e piedi, senza che tu possa fare nulla per la mancanza d reazione. ti legano com il nastro e ti gettano in una gigantesca e gelida piscina.ti svegli di botto immerso nell'acqua ghiacciata e apri la bocca per gridare. Tutta dentro i polmoni e tu continui a respirare acqua a riempirti i polmoni come una spugna. Non c'è aria, è finita. Solo acqua. Solo brividi per il freddo. Ti svegli davvero e non respiri, prendi lunghe boccate e tiaccorgi che timanca il fiato,che hai male al petto, e tremi infreddolito. La paura del nulla, il panico, il puro terrore. Muovi le mani e te le passi sulla testa,cerchi di respirare ma non ci riesci e ti dici che è solo nella tua testa, che non c'è nulla,che devi stare tranquillo, che devi darti una regolata perchè così ti ammazzi da solo. Ti sembra di star per calmarti ma arriva l'ondata gigante, la big one degli attacchi di panico, perchè dopo il primo arriva l'altro, il secondo, quello nascosto dall'onda precedente per via della prospettiva. Io piango, tremo e mi viene da vomitare. Piangi il più sommessamente possibile perchè nessuno senta e speri passi. A volte passa. Spesso mai, fino alla mattina quando stremato dalla notte chiudi gli occhi per poco tempo.

Sognavo di avere un figlio con lei, uno splendido bambino con i capelli arruffati del colore di quelli di mamma, con i miei occhi ma con lo sguardo acuto e intelligente di lei. Sognavo un figlio che potesse diventare meglio del papà e che diventasse grande e forte. Mi immaginavo spesso come sarebbe stata la nostra vita a tre. Sorrido ancora ora che ci penso se la immagino,disordinata come solamente lei sa essere,intenta a sistemare le cose del piccolo. Mi tremano le mani se penso al suo profilo mentre bacia il pancino nudo del nostro bambino. E piango se penso alle lacrime di gioia immediatamente dopo il parto.

Non avrei mai più toccato una goccia di alcool, e comunque non lo farò più e comunque è troppo tardi.

La paura di perdere tutto questo, o meglio, la consapevolezza di averlo perso mi ha fatto commettere molti errori in questi giorni.sbagli che spero di non commettere mai più e a volte, dettati dalla tensione che tra noi due, nonostante l'aver diviso una parte significativa della nostra vita, si insinua in certi casi. L'ho spaventata, perchè io stesso ero spaventato impaurito come detto sopra di perderla. Per un istante, quando mi hanno detto che ha avuto paura di me il mondo, che già era ridotto in mille pezzi andò totalmente in frantumi e mi crollò addosso.

Quel mondo che avrei volentieri portato in mano per lei ma che col senno di poi lei non avrebbe accettato perchè avrebbe preferito che tenessi quella mano libera per stringere la sua.

Continuiamo a sbagliare, sia gli uomini che le donne e fino a che gli uni e gli altri non decideranno di venirsi incontro la vita sarà complicata.

Però forse è bello così.

La vita è varia, strana e piena di episodi assurdi, come quello di un padre che da piccolo ti porta in un bar per aspettare un amico, ti mette la sedia davanti al flipper e da al barrista 2 mila lire per scambiare le monetine, così mentre aspettiamo posso giocare un po' e passare il tempo. Un padre gentile e premuroso che esce un istante dal bar a chiacchierare e poi, con estrema naturalezza va a pescare in baracca (a bere in baracca mentre pesca) lasciando il bambino al flipper da solo. Fu il barrista, dopo ore a chiedere se sapevo dove fosse papà ma io non sapevo che dire. Mi chiese come si chiamava papà e dove abitassimo e io (il bambino) risposi molto preparato. Telefonò alla mamma e mi diede ancora qualche cento lire, restò li ad aspettare che arrivasse mia mamma furiosa e poi mi riconsegnò a lei. Mio padre in tutta questa storia? Arrivò a casa con naturalezza, come nulla fosse.

Come sempre per lui...nulla fosse.

Altre decine di episodi del genere potrei raccontare, alcuni forse anche peggiori ma per ora non ne ho intenzione perchè come scritto prima è quasi l'ora in cui si resta soli e si pensa a lei.

Sicuramente non ha giovato al nostro rapporto nemmeno il fatto di lavorare insieme, niente più stimoli, niente cose nuove da raccontarsi idee da scambiarsi, sicuramente il giorno in cui le cose cambieranno (e si apprezzi il fatto che non considero il cambiamento come lei che torna da me ma esiste oltre a questa anche la possibilità che arrivi un'altra donna) in quel momento farò di tutto per tenere le nostre vite separate, sempre interessanti l'una per l'altra. L'amore è anche fatto di curiosità mi sembra di aver capito in questi giorni.

Forse l'aver perso la testa mi sta aiutando a capire un poco come funziona la vita perchè mi sono dovuto obbligare a guardare indietro per cercare di capire da dove arrivassero i miei problemi. Sia chiaro che non è per il fatto che ho capito una piccola parte di questa grande avventura io abbia compreso tutto anzi, molte cose mi lasciano ancora perplesso, molti dubbi mi attanagliano e specialmente ora, che siamo nella fase onda alta per quel che riguarda i farmaci molte assurde domande fanno capolino nella mia testa.

Domande che hanno in parte influito, tanti e tanti anni fa sul matrimonio dei miei perchè un giorno chiesi a mia mamma perchè andassimo sempre da questo amico Alberto, perchè in realtà a me non piaceva. Le dissi poi, consapevole di fare una cosa giusta ma realmente incosciente su quel che in effetticaitava in quella casa, che papà appena arrivati andava subito in camera con la mamma di questo mio amico e dopo un po' quando uscivano se ne stavano un poco a parlare e poi il pomeriggio era terminato.

Forse il problema è il mio, quasi sicuramente se ci penso lo è dopotutto ho sfasciato un matrimonio e un rapporto meraviglioso mi pare la conclusione più che ovvia che il problema sia il sottoscritto.
Avrò molto lavoro da fare su di me, molto aiuto da chiedere ancora ma una cosa, se devo essere sincero fa molto male.
Questa mattina mi sarei aspettato, e mi avrebbero fatto bene, i messaggi da due persone, messaggi per sapere come era andata la notte ma ribadisco che ogni persona deve badare alla propria vita a meno che prenda i voti e desideri fare la martire.
C'è anche molta rabbia nei confronti di lei perchè sono convinto che avremmo potuto risolvere le cose se almeno uno dei due avesse avuto l'intenzione di metter l'altro davanti ai fatti. Ci si promise che non avremmo commesso gli stessi errori fatti in precedenza, io con mia moglie e lei col suo compagno, ma alla fine entrambi siamo stati risucchiati da quel vortice di silenzi. Forse ingenuamente pensavamo che l'amore sarebbe bastato ma di solito le cose non vanno bene per tutta la vita e quindi ci sono duri momenti da passare. Di una cosa sono certo e questa è la verità, se avessimo provato a risolvere questa cosa tutto sarebbe cambiato ci avrebbe resi una coppia forte, eccezionale ed eterna. Come quella eternità che fino al giorno prima ci si prometteva.
O forse no.

Le cose cambiano e a volte cambiano per degli incontri. La mia vita è cambiata da quando ho incontrato lei, è diventata sempre più difficoltosa e complicata ma io ci credevo, vedevo le difficoltà e volevo superarle per lei e per noi. Mi rendevo conto che i nostri momenti felici sarebbero stati intervallati da grandi momenti di difficoltà ma ribadisco che stare insieme quando tutto è perfetto è facile, molto facile. Non la sto biasimando, ribadisco che mi rendo conto di averla fatta soffrire e ora vedo che sta sempre meglio. Ma so che avremmo potuto stare meglio insieme.

Ichi go Ichi e – l'antica cerimonia del te in giappone, che può anche significare "incontri che ti cambiano la vita" questo è lei. Un incontro che ha cambiato la vita. Il fatto è che la gente tende a credere che i cambiamenti siano solamente positivi mentre a volte sono solo grandi devastazioni, per entrambi.

All'inizio non fu solo bellezza, amore e coccole ma, specialmente da parte mia una sofferenza incredibile per i sensi di colpa nell'abbandonare le figlie e Claudia, la mia ex moglie.

Sentire la donna che comunque avevo amato piangere perchè non ero mai a casa mi spezzava il cuore ed egoisticamente decidere di continuare quella storia, per quanto possa sembrareassurdo, mi fece soffrire. Nello stesso momento, pur di star con lei ho cominciato a perdere denaro perchè si lavorarva in un posto dove alla fine non venimmo mai pagati e io per un anno quasi dilapidai i miei soldi, quelli delle mie figlie e persi totalmente la fiducia della persona che avevo sposato.

L'amoreper Elena è indiscutibile ma ora che ci penso ho commesso conClaudia lo stesso errore che oggi imputo a Elena. Avrei potuto parlarle, cercare di risolvere e più semplicemente capire che anche il nostro era un periodo che sarebbe passato. Non c'è stato giorno in cui in parte non mi sia dato un senso di colpa per essere andato via da quella casa, ma più che altro i sensi dicolpa sono grandi perchè ho mentito e tardito. Claudia è unadonna forte, dinamica e divertente, io l'ho sempre trovata moltobella ma mi innamorai di lei per il modo che aveva diaffrontare le cose. Lei si accorse della mia sempre più grande assenza e mi parlò, lei ci provò e fui io a non voler sentirepreso dall'euforia dell'amore sbocciato, del sentirsi vivo per una volta, già perchè Claudia ha un difetto enorme, grande quantotutti i suoi pregi messi insieme. Non esiste modo che ti faccia sentire adeguato, sei sempre al limite dell'inutilità e io, così come Elena ha fatto con me sono scappato via perchè a poco a poco mi stavo spegnendo.

Quando vedo Claudia sorrido perchè so quanto sia bello passare il tempo con lei e nel contempo abbasso la testa perchèoltre al divorzio in questi anni l' ho messa in difficoltà serie per l'economia domestica e l'organizzazione della vita delle nostre bambine.

I tre angeli che ogni giorno mi chiedono di tornare a casa non comprendendo nella loro ingenuità che la cosa sarebbe pressoche impossibile.

La ruota gira in effetti. Gira e schiaccia il terreno sul quale passa, schiaccia l'erba, le pietre i fiori e gli animali. La ruota gira e distrugge tutto.

Scusami Claudia.

Qualche amico mi ha chiesto se vorrei tornare indietro da lei, da Claudia, una amica comune proprio qualche giorno fa mi disse che sarebbe anche ora, lo disse in modo scherzoso e di questo ne ridemmo perchè si tratta di una cosa impossibile.

Non so sinceramente cosa potrebbe capitare, fosse anche un ritorno vero, di quelli che in effetti possono capitare, ma le nostre famiglie, che ci hanno sputato addosso, il rancore di chi non capisce che le cose si possono cambiare, gli odi di chi, prima di noi, come la mamma di lei, si è comportata nel peggior modo con il papà di Claudia e con le due figlie. Avere sguardi del genere sarebbe molto difficile.

In questi giorni penso molto a quel che ho fatto, alle scelte e agli sbagli commessi in questo periodo e ho anche pensato che se quel giorno non fossi tornato da Elena le avrei spezzato il cuore per qualche breve tempo ma forse le avrei reso la vita più felice.

Scusami Elena ma non potevo, ti amavo troppo così come ti amo ora. Sei quel mio tassello mancante, lo sei ora e lo sarai anche quando trascorrerai la tua vita tra le braccia di un altro.

Mi sto scusando con tutti, ma forse dovrei per prima cosa rendermi conto che le scuse sarebbero da rivolgere a me, a quell'uomo che ho deciso di rovinare con l'alcool, la depressione e le mille paure. A quell'uomo che anche questa mattina, appena sveglio ha pensato a farla finita ma che alla fine non lo farà mai perchè ama troppo stare vicino a certe persone. Le figlie sono una salvezza. Per loro, per tutto il tempo in cui sono stato a casa con loro non ho mai toccato un goccio d'alcool, almeno quello l'ho fatto ed ora, se ci penso, dopo molti giorni passati senza bere il mio pensiero di gioia va a loro.

Sarebbe il caso di ricominciare a vivere, di rendersi conto che con Elena è finita e che se davvero sono stato quell'amore grande che lei dice e se il destino vuole così forse un giorno torneremo insieme o forse no. Forse nel mentre troverò qualche altra donna, anche se sono rattristato dal sapere che chiunque troverò non sarà mai un connubbio tale di intelligenza, bellezza, sensualità, ma forse non ho bisogno di quello, forse ho bisogno solamente di una donna che mi faccia sentire adeguato, che abbia la voglia di parlare se le cose non vanno bene e che non resti in attesa che noi si comprenda i loro segnali perchè a volte purtroppo la vita diventa talmente difficoltosa da impedire di leggere questi segnali.

Ci sono mariti che arrivano a casa, gettano le scarpe in un angolo e si mettono al divano, per guardare il tiggì o più probabilmente lo sport in tv, annuiscono come scimmie alle parole della compagna di vita ed è finita li la cosa. Non si accorgono dei segnali perchè non ne hanno voglia, non importa perchè il precipuo della loro vita sono solo ed esclusivamente loro. Ci sono quelli che chissàperchè stanno insieme a qualcuno, forse perchè così la società impone in qualche modo e anche loro non si accorgono di nulla perchè ipnotizzati davanti a qualcosa che si obbligano a fare per distogliere l'attenzione dalla compagna di una (forse) vita e poi ci sono quelli che non ci riescono perchè stanno impegnando ogni loro momento per costruire un futuro per tutti e due. L'ho già scritto,l' errore è non capire che sono quelle piccole cose a costruire l' amore e non i castelli ma qui, in questo caso la grande colpa è la vostra e me ne dispiaccio perchè vi accorgete che tutto questo è fatto per amore e parlarne direttamente, senza lanciare segnali che la nostra mente stanca non sarebbe in grado di comprendere, potrebbe salvare tutto il rapporto e farvi diventare eterni.

Mi hai urlato un giorno che avresti fatto di tutto per noi due.

Di tutto.

Siamo due mondi diversi e questo è quanto, ci daremo sempre la colpa vicendevolmente.

Sto male, tutt'ora. Ho il petto che mi brucia e la mente che vacilla. Passo lunghi momenti a fissare il vuoto, incantato a vedere chissà cosa e a pensare a nulla. A ricordarla mentre lotta perchè io resti con lei quando la volevo lasciare, già perchè io le ho concesso di lottare, io non sono scappato e chiuso i ponti. Penso alla solitudine di quando da bambino il vecchio padre mi venne a prendere, dopo la separazione con mamma e mi fece vedere il baule dell'auto pieno zeppo di fumetti, ne prese un po' e li mise sul sedile posteriore e poi partimmo in auto. Decine e decine di fumetti da leggere e poi l'auto si fermò, sentii le parole di papà che dicevano di aspettare un istante e nemmeno alzai lo sguardo per vedere dove fossimo talmente ero preso

dalla lettura ma dopo molto tempo fece buio e iniziò a fare freddo e mi accorsi che eravamo al fuime Sesia, penso vicino alle baracche della pesca (o del bere o delle puttane) e cominciai a singhiozzare perchè avevo paura. Per fortuna avevo ancora almeno centomila fumetti da leggere, mi chiusi in auto e piangendo aspettai.
Per ore.

All'alba dei quarant'anni ammetto per la prima volta di avere seri problemi con l'alcool, di essere disperato per essere stato lasciato e per aver lasciato, sono confuso per i fatti miei e lo sono ancora di più per tutto il resto. Ho paura di tutto quello che potrà accadere domani ma so che devo affrontare le cose con forza. Tornare ad essere un uomo e dimenticare il verme che sono diventato. Si cresce, si cambia e le persone a volte deludono, anche quelle che ami, soprattutto loro a ben pensarci. Riponi tutto negli altri e sbagli ogni volta perchè per colpa tua o per la loro ti accorgi sempre alla fine di essere solo, ti rendi conto che la mattina ti devi alzare per te, che le promesse valgono molto fino a che non perdono di significato e che il concetto di eternità è molto relativo.

Sono un quarantenne che per l'ennesima volta dovrà ricominciare una nuova vita, che ha deciso di abbandonare l'alcool e di riconquistare la fiducia di alcune persone consapevole della difficoltà che questo comporta. Sono un quarantenne che ogni tanto pensa al suicidio ma che per fortuna ha ancora abbastanza cervello da evitare stronzate del genere. Sono un quarantenne ancora innamorato della donna che lo ha lasciato e che gli ha strappato il cuore e che vorrebbe un giorno poterla riconquistare come un
tempo. Sono il papà di tre splendide bambine che ancora non hanno capito quanto il padre soffra. Sono un quarantenne con qualche problema psichiatrico, e una infinità di episodi che gli

hanno segnato l'esistenza.

Sono Mauro, un quarantenne geloso perchè qualcuno prima o poi possiederà la donna che ama e la cosa mi fa soffrire.

Sono Mauro

Sono Mauro, ero un uomo e mi sto impegnando per tornare ad esserlo.

Tutto questo è stato scritto in una notte, con la paura in gola,
con l'ansia e le lacrime che scendevano e le urla da trattenere.
Ad oggi, nonostante sia passato un po' di tempo le cose sono
identiche e sembra anzi che tutto ogni giorno crolli sempre più.
Impensabile avrei detto fino a pochi giorni addietro perchè
pensavo che fosse già crollato tutto
probabilmente continuerò a scrivere fino a che non troverò una
soluzione a tutto questo
fino a quando non troverò uno scopo